Korea Bebras Challenge 2018

함께 즐기는 컴퓨팅 사고와 정보과학

비버챌린지

- 2018년도 기출문제집 -

초등학생용

주최 한국정보과학교육연합회(Korea Information Science Education Federation)
주관 한국비버챌린지(Bebras Korea)
후원 한국정보과학회, 한국컴퓨터교육학회, 한국정보교육학회, (주)넥슨, 아주대SW중심대학사업단

집필진

김동윤(아주대학교)
김지혜(충북고등학교)
예홍진(아주대학교)
전현석(경기과학고등학교)
정웅열(백신중학교)

검토진

김슬기(선부초등학교)
김인주(대전동광초등학교)
김도용(인천석정초등학교)
김학인(한성과학고등학교)
전수진(호서대학교)
전용주(안동대학교)

비버 챌린지 2018년도 기출문제집(초등학생용)

초판인쇄 2019년 5월 8일
초판발행 2019년 5월 13일

지은이 한국비버챌린지(Bebras Korea)
펴낸이 김승기
펴낸곳 (주)생능출판사 / **주소** 경기도 파주시 광인사길 143
출판사 등록일 2005년 1월 21일 / **신고번호** 제406-2005-000002호
대표전화 (031)955-0761 / **팩스** (031)955-0768
홈페이지 www.booksr.co.kr

책임편집 김민보 / **편집** 신성민, 유제훈, 손정희, 권소정 / **디자인** 유준범
마케팅 최복락, 최일연, 김민수, 심수경, 차종필, 백수정, 최태웅, 김범용, 김민정
인쇄/제본 영신사

ISBN 978-89-7050-973-0
정가 8,000원

- 이 도서의 국립중앙도서관 출판예정도서목록(CIP)은 서지정보유통지원시스템 홈페이지(http://seoji.nl.go.kr)와 국가자료공동목록시스템(http://www.nl.go.kr/kolisnet)에서 이용하실 수 있습니다. (CIP제어번호: CIP2019014962)
- 이 책의 저작권은 (주)생능출판사와 지은이에게 있습니다. 무단 복제 및 전재를 금합니다.
- 잘못된 책은 구입한 서점에서 교환해 드립니다.

비버 챌린지(Bebras Challenge)란?

비버 챌린지는 정보과학 체험 축제입니다.

- 비버 챌린지는 컴퓨팅 사고력(Computational Thinking)을 바탕으로 정보과학(Informatics)을 체험할 수 있는 전 세계인의 축제입니다.
- 비버 챌린지의 과제는 전 세계 60여개 국가가 공동 개발하며, 특별한 사전 지식이 없어도 누구나 도전할 수 있습니다.
- 비버 챌린지는 컴퓨터 기반 테스트(CBT)로 국제적인 도전에 참여할 수 있는 환경을 제공합니다.
- 비버 챌린지를 처음 시작한 리투아니아 정보교육자들을 존중하는 의미에서 영문표기인 'Beaver' 대신 리투아니아어 표기인 'Bebras'를 사용합니다.

비버 챌린지의 목표

협업하는 것을 좋아하고 도전적인 성격을 지닌 비버와 함께하는 비버 챌린지의 목표는 다음과 같습니다.

- 컴퓨팅 사고력의 체험과 신장
- 컴퓨터 활용 능력 및 윤리의식 신장
- 경쟁과 협업 능력 신장

비버 챌린지의 내용과 참가대상

알고리즘과 프로그래밍

자료, 자료구조와 표현

컴퓨터 처리와 하드웨어

통신과 네트워킹

ISS
상호작용, 시스템과 사회

- 그룹 I (초등학교 1학년 ~ 초등학교 2학년)
- 그룹 II (초등학교 3학년 ~ 초등학교 4학년)
- 그룹 III (초등학교 5학년 ~ 초등학교 6학년)
- 그룹 IV (중학교 1학년)
- 그룹 V (중학교 2학년 ~ 중학교 3학년)
- 그룹 VI (고등학교 1학년 ~ 고등학교 3학년)

비버 챌린지는 순위를 매기지 않습니다.

비버 챌린지는 컴퓨팅 사고를 즐기며 도전하는데 의의를 둡니다.
개인석차나 백분율 등은 제공하지 않으며, 참가 학생들의 개인 정보를 제외한 응시 결과는 정보교육의 발전을 위한 연구 활동에 활용됩니다.

한국비버챌린지(Bebras Korea)란?

한국비버챌린지는 국내 비버챌린지를 운영하고 있습니다.

- 한국비버챌린지는 대한민국 비영리단체로서, 한국 정보(소프트웨어) 교육 확산과 정착을 지원합니다.
- 한국비버챌린지는 국내 비버챌린지 발전방향 논의/실행, 평가문항 개발, 사이트 운영/관리 등의 역할을 수행하고 있습니다.
- 한국비버챌린지(http://bebras.kr)는 국제비버챌린지위원회(http://bebras.org)의 공식 회원국이 된 대한민국을 대표하여 다양한 국제 협력 활동에 적극 참여하고 있습니다.

조직도

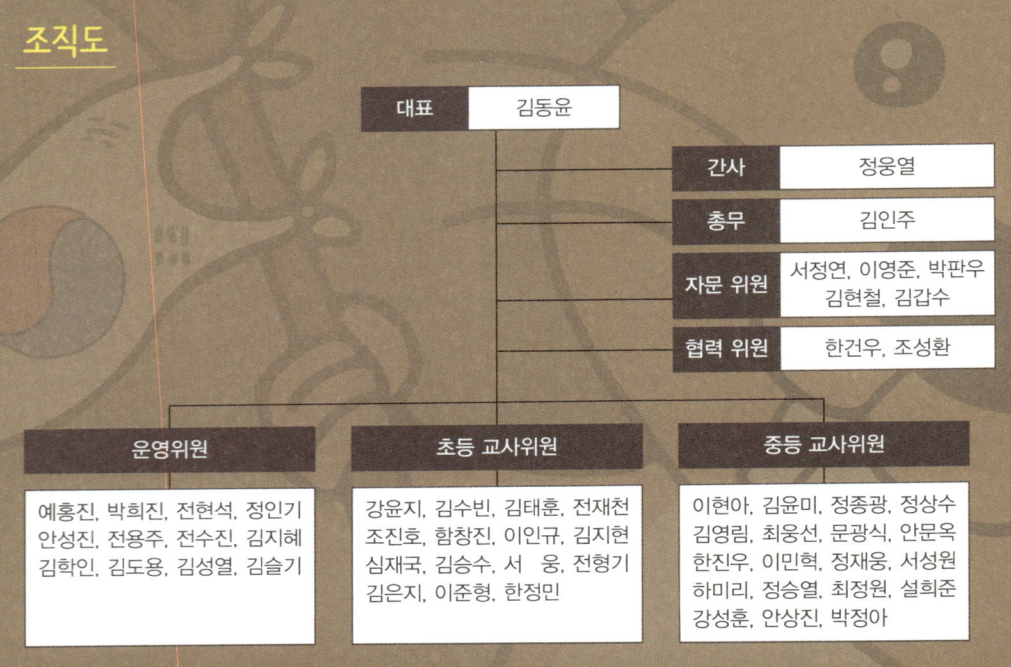

대표	김동윤
간사	정웅열
총무	김인주
자문 위원	서정연, 이영준, 박판우, 김현철, 김갑수
협력 위원	한건우, 조성환

운영위원	초등 교사위원	중등 교사위원
예홍진, 박희진, 전현석, 정인기, 안성진, 전용주, 전수진, 김지혜, 김학인, 김도용, 김성열, 김슬기	강윤지, 김수빈, 김태훈, 전재천, 조진호, 함창진, 이인규, 김지현, 심재국, 김승수, 서 웅, 전형기, 김은지, 이준형, 한정민	이현아, 김윤미, 정종광, 정상수, 김영림, 최웅선, 문광식, 안문옥, 한진우, 이민혁, 정재웅, 서성원, 하미리, 정승열, 최정원, 설희준, 강성훈, 안상진, 박정아

비버챌린지 참가국

- 비버챌린지에 공식적으로 참여하는 국가는 모두 63개국이며, 참여를 준비하는 후보 국가가 6개국입니다.
- 우리나라는 2017년 한국비버챌린지(Bebras Korea)를 통해 공식 회원국으로 처음 참여하였으며, 참여 인원은 2017년 7,203명, 2018년 25,455명으로 매년 크게 늘어나고 있습니다.

비버 챌린지 로고

- 비버 챌린지에 참여하는 국가는 각 나라마다 고유의 비버 로고를 가지고 있습니다.
- 우리나라의 비버 로고는 김지혜 선생님(충북고)께서 재능기부를 통해 디자인 하였습니다.

Bebras Challenge에 도전하세요

[1단계] 신청하기　　　　　　　　　　　　　　　2019. 09. 02(월) ~ 10. 18(금)

- 비버 챌린지에 도전하기 위해서는 회원가입과 신청과정이 필요합니다.
- 현직 초·중·고 교사만 신청 가능합니다.

> 홈페이지(https://www.bebras.kr) 회원가입
> 로그인 및 신청하기 ▶ 결제하기 ▶ 응시코드 다운로드

[2단계] 체험하기　　　　　　　　　　　　　　　　　　　상시 운영

- 체험하기의 목적은 학생들이 비버 챌린지 문항 및 응시 방식에 적응할 수 있도록 돕는데 있습니다.

> 홈페이지(https://www.bebras.kr) 접속 ▶ 체험하기

[3단계] 도전하기　　　　　　　　　　　　　　　2019. 10. 28(월) ~ 11. 22(금)

- 2018년 새로 개발된 비버 챌린지 문항에 도전해 보세요.

> 홈페이지(https://www.bebras.kr) 접속 ▶ 도전하기
> ▶ 결과보기와 이수증 발급

Bebras Challenge 기출문제집의 문항 구성표

출제국가		문항 ID	초등		중·고등		
			II	III	IV	V	VI
	오스트레일리아	2018-AU-04	●				
	벨기에	2018-BE-01a					●
	벨기에	2018-BE-02					●
	벨기에	2018-BE-03				●	●
	벨기에	2018-BE-04					●
	캐나다	2018-CA-02		●			
	캐나다	2018-CA-03a	●				
	캐나다	2018-CA-05			●	●	
	캐나다	2018-CA-06				●	●
	스위스	2018-CH-05			●	●	●
	스위스	2018-CH-07		●	●		
	스위스	2018-CH-09	●	●			
	중국	2018-CN-02					●
	체코	2018-CZ-01					●
	체코	2018-CZ-05			●		
	체코	2018-CZ-08c					●
	독일	2018-DE-02		●	●		
	독일	2018-DE-05				●	●
	독일	2018-DE-06					●

출제국가	문항 ID	초등 II	초등 III	중·고등 IV	중·고등 V	중·고등 VI
크로아티아	2018-HR-05		●	●		
헝가리	2018-HU-01	●				
헝가리	2018-HU-03		●	●	●	
헝가리	2018-HU-05	●	●			
아일랜드	2018-IE-01		●	●		
이탈리아	2018-IT-04					●
이탈리아	2018-IT-05	●				
대한민국	2018-KR-03	●				
리투아니아	2018-LT-02			●	●	
리투아니아	2018-LT-04			●	●	●
파키스탄	2018-PK-06				●	
슬로바키아	2018-SK-07			●	●	
터키	2018-TR-06				●	●
대만	2018-TW-02	●	●			
대만	2018-TW-03a	●				
영국	2018-UK-01	●	●			
미국	2018-US-03					●
베트남	2018-VN-03				●	

/차/례/

비버 챌린지란? ··· 3

도전하기(그룹 II: 초등학교 3~4학년용) ··· 9

도전하기(그룹 III: 초등학교 5~6학년용) ······································· 21

정답 ·· 33
    도전하기(그룹 II) 정답 ··· 35
    도전하기(그룹 III) 정답 ·· 49

비버 챌린지 2018 도전하기
그룹 II (초등학교 3~4학년용)

01 삼바 춤을 추는 뱀
02 사이먼 게임기
03 클라라는 꽃을 좋아해
04 에이다와 크레용
05 비슷한 요리
06 피자와 포크
07 야외 체육시간
08 지하철 노선
09 비버 마트료시카
10 색칠하기

01 삼바 춤을 추는 뱀

▶▶▶▶▶ 2018-AU-04 Snake Samba

오스트레일리아

문제의 배경

뱀 샐리(Sally)가 삼바 춤을 추며 다가오는 모습이 다음과 같이 그려져 있다.

문제/도전

물음표(?) 위치에 있어야 할 샐리의 모습은?

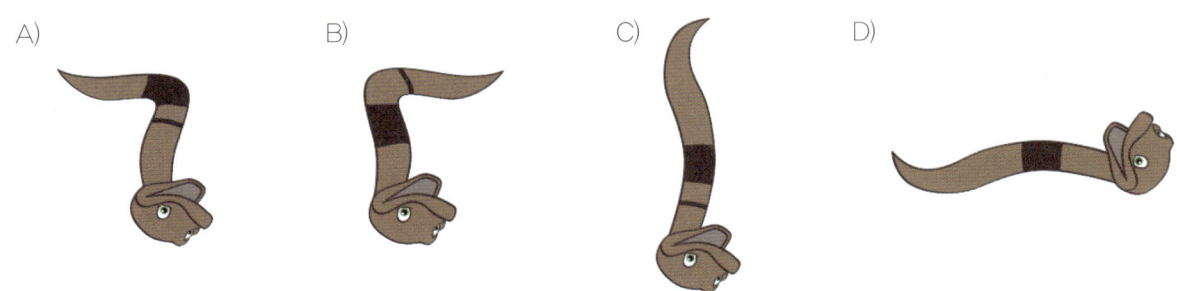

사이먼 게임기

▶▶▶▶▶ 2018-CA-03a Simon Says

문제의 배경

어떤 사이먼 게임기(Simon Says)의 버튼을 누르면, 다음 그림과 같이 색들이 회전된다.

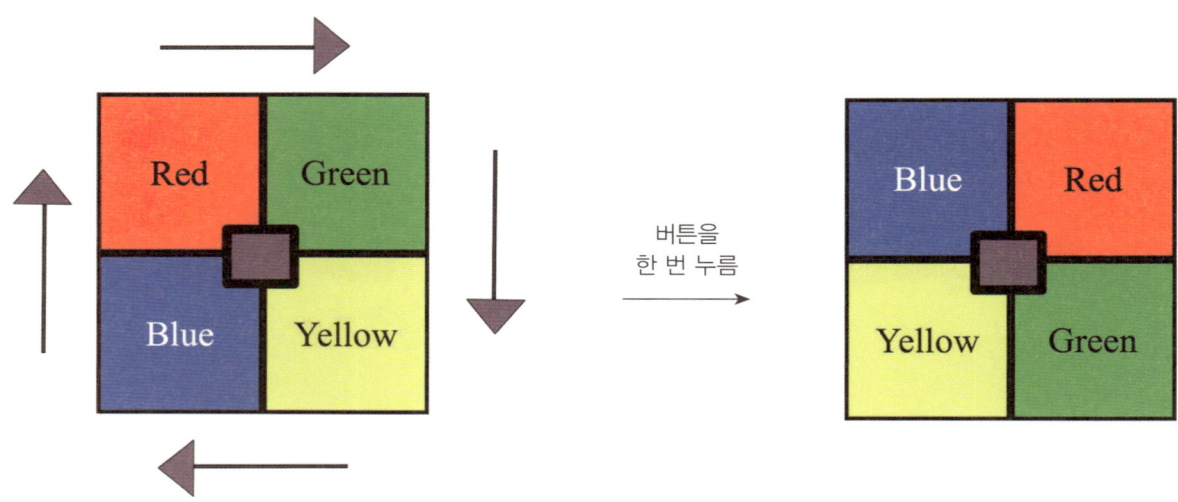

문제/도전

버튼을 한 번 더 눌렀을 때 녹색(Green), 노랑(Yellow), 파랑(Blue) 사각형은 어디로 이동할까요?

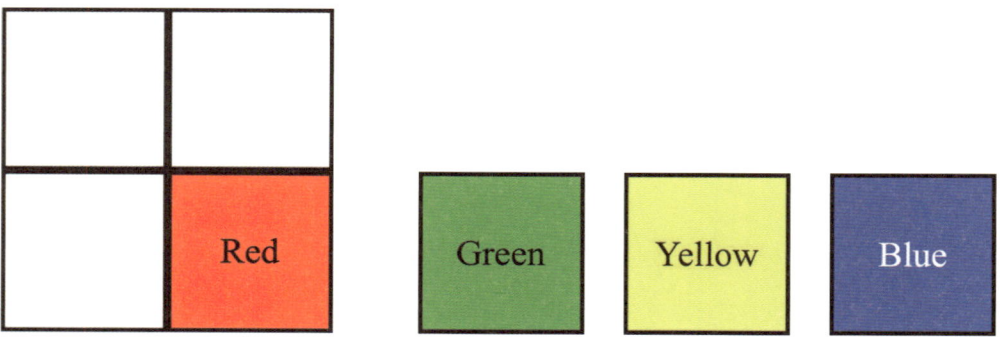

클라라는 꽃을 좋아해

▶▶▶▶▶ 2018-CH-09 Clara likes Flowers

문제의 배경

여러 가지 색의 꽃으로 만들어진 꽃다발을 좋아하는 클라라(Clara)는 꽃가게에 들렀다. 꽃가게에는 다음과 같은 꽃들이 있었다.

| 글라디올러스 | 백합 | 튤립 | 장미 |

모든 꽃들은 다음 3가지 색 중 한 가지이다.

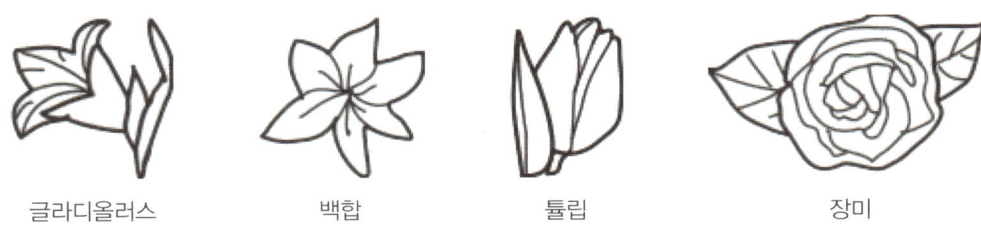

흰색 / 파랑색 / 노랑색

클라라는 6개의 꽃으로 다음과 같은 조건들을 모두 만족하는 꽃다발을 만들고 싶어 한다.

1) 흰색, 파랑색, 노랑색 꽃은 정확히 2개씩이어야 한다.
2) 같은 종류의 꽃은 서로 다른 색이어야 한다.
3) 모든 꽃들은 최대 2개까지만 사용해야 한다.

문제/도전

다음 중 모든 조건을 만족시킬 수 있도록 만들어진 꽃다발은?

A) 　B) 　C) 　D)

04 에이다와 크레용

▶▶▶▶▶ 2018-HU-01 Ada and crayons

헝가리

 문제의 배경

에이다(Ada)는 10개의 색이 들어있는 크레용 한 상자를 가지고 있는데, 크레용들이 위 또는 아래 방향으로 놓여있다. 에이다는 크레용들을 모두 같은 방향으로 놓으면 예쁘겠다는 생각을 했다.

한 개 이상 연속해서 붙어있는 크레용들은 모두 한 번에 뒤집을 수 있다. 아래 그림처럼 연속해서 붙어있는 4개의 크레용을 한 번에 뒤집으면, 아랫방향으로 놓여있던 크레용은 윗방향으로 바뀌고, 윗방향으로 놓여있던 크레용은 아랫방향으로 바뀌게 된다.

 문제/도전

왼쪽과 같이 크레용들이 놓여있을 때, 최소 몇 번 뒤집으면 모두 같은 방향으로 만들 수 있을까?

( ) 번

05 비슷한 요리

▶▶▶▶▶ 2018-HU-05 Similar dishes

헝가리

문제의 배경

요리사가 저녁식사로 두 가지 요리를 준비하려고 한다. 하지만, 비슷한 요리를 준비하는 것은 원하지 않는다.

요리 재료가 2가지 이상 같으면, 두 요리는 서로 비슷한 요리가 된다.

파스타	계란 샐러드	호두 샐러드	치킨 수프	케이크

문제/도전

다음 중 서로 비슷한 요리인 것은?

A) 치킨 수프와 파스타
B) 치킨 수프와 호두 샐러드
C) 치킨 수프와 계란 샐러드
D) 호두 샐러드와 케이크

06 피자와 포크

▶▶▶▶▶ 2018-IT-05 Pizza and fork

이탈리아

 문제의 배경

루실라(Lucilla)는 포크를 사용해 피자를 먹는 것을 배우고 있다.
엄마가 설명해 준 포크 사용 방법은 다음과 같다.

- 피자 둘레의 껍질(크러스트)이 함께 있는 경우에는, 손으로 집는다.
- 그렇지 않은 경우에는, 포크를 사용한다.

 문제/도전

다음 피자 조각 그림에서 포크를 사용해 집어야 하는 조각들을 모두 골라보자.

07 야외 체육시간

▶▶▶▶▶ 2018-KR-03 Physical Education Class

문제의 배경

바비(Bobby) 선생님 반 아이들이 체육시간에 운동장에서 축구를 하려고 계획을 세우고 있다. 하지만, 그렇게 하려면 아래의 조건을 꼭 고려해야 한다.

- 맑은 날에만 운동장에서 축구를 할 수 있다.
- 바람이 20km/h 보다 느리게 불어야만, 건물 밖 야외 활동이 허락된다.
- 다른 반이 사용한다고 먼저 예약이 되어있으면, 운동장을 사용할 수 없다.

그래서, 아이들과 함께 다음 주 요일별 일기 예보와 운동장 사용 예약을 같이 확인해 보기로 했다.

다음 주 요일별 일기 예보

요일	월	화	수	목	금
예상 날씨	☀	☂	☂	☀	☀
예상 풍속	5 km/h	24 km/h	13 km/h	7 km/h	40 km/h

다음 주 운동장 사용 예약 상황

요일	월	화	수	목	금
수업 예약	가르시아(garcia) 선생님 체육시간	-	-	-	-

문제/도전

다음 주에 운동장에서 축구 수업을 할 수 있는 요일은?

A) 월   B) 화   C) 수   D) 목   E) 금

08 지하철 노선

▶▶▶▶▶ 2018-TW-02 Metro Lines

문제의 배경

A, B, C, D 역()에서 출발하는 4개의 지하철 노선이 있다.

또한, 3개의 환승역( ) T1, T2, T3에서 다른 지하철 노선으로 갈아탈 수 있다.

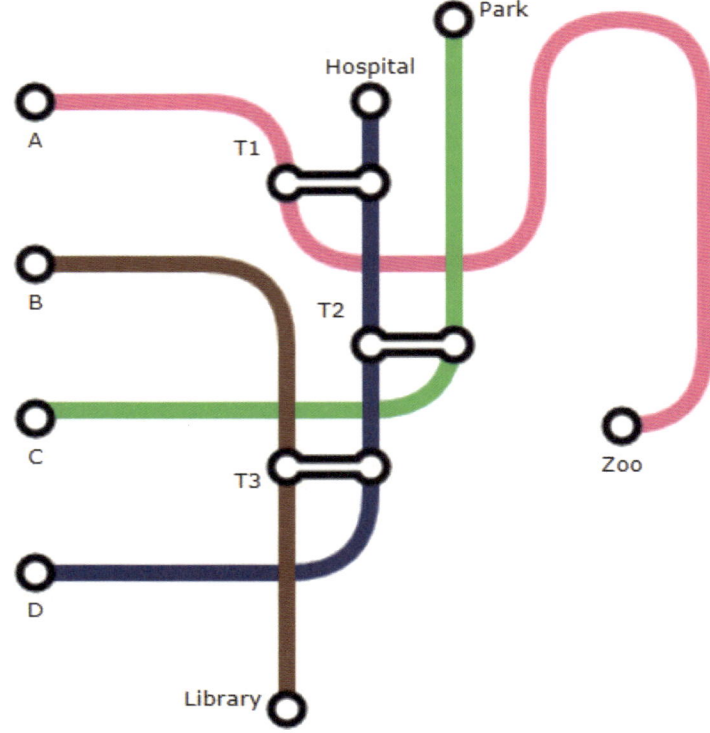

문제/도전

존(John)은 지하철을 정확히 한 번만 갈아타고 동물원(Zoo)에 갔다. 존은 어떤 지하철역에서 탔을까?

A) A B) B C) C D) D

09 비버 마트료시카

▶▶▶▶▶ 2018-TW-03a Beaver Nesting Doll I

대만

 문제의 배경

비버 마트료시카 인형은 그 안에 다른 인형을 겹쳐 넣을 수 있는 나무 인형 세트이다. 인형의 가운데를 열고 그 안에 다른 인형을 넣을 수 있는데, 좌우 너비, 위아래 높이가 모두 더 작은 인형을 그 안에 겹쳐 넣을 수 있게 되어있다.

에밀리(Emily)는 비버 마트료시카 인형에 마법이 걸려 있다는 이야기를 들었다. 마트료시카 인형 안에 더 많은 인형을 겹쳐 넣으면 넣을수록, 자기가 원하는 것들이 더 빨리 이루어진다는 것이었다.

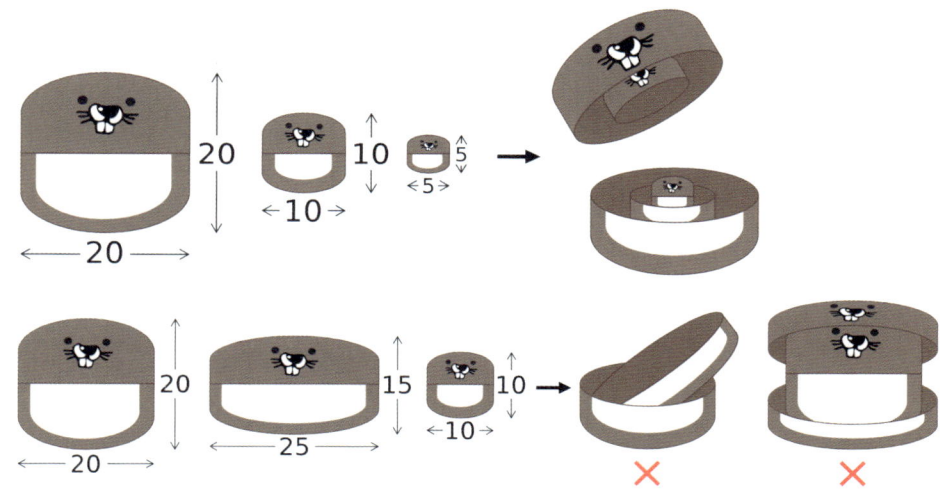

아래는 에밀리가 가지고 있는 5개의 비버 마트료시카 인형들인데, 최대한 많이 겹쳐 넣고 싶다.

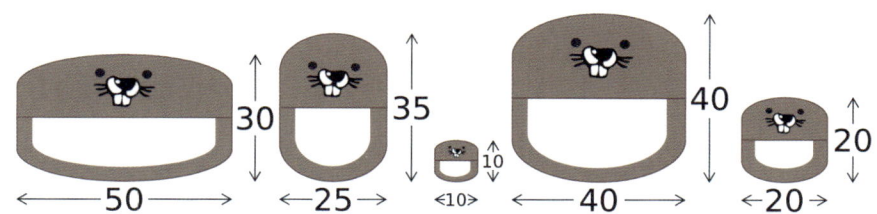

 문제/도전

에밀리는 최대로 몇 개의 인형을 겹칠 수 있을까?　　　　　　　　(　　　) 개

10 색칠하기

▶▶▶▶▶ 2018-UK-01 Colouring In

문제의 배경

다음과 같은 색칠하기 그림에 색을 칠해야 한다.

가능한 한 적은 개수의 색만 사용해서 모두 칠해야 하고, 같은 선으로 서로 붙어있는 경우에는 서로 다른 색으로 칠해야 한다.

문제/도전

색을 모두 칠할 때, 필요한 색은 최소 몇 개일까?

A) 2 B) 3 C) 4 D) 5 E) 6

비버 챌린지 2018 도전하기
그룹 III (초등학교 5~6학년용)

01 나무 둘러치기
02 엘리베이터
03 클라라는 꽃을 좋아해
04 행성 B
05 꼬리가 길면 밟힌다
06 비버폭포
07 비슷한 요리
08 무한 아이스크림
09 지하철 노선
10 색칠하기

01 나무 둘러치기

▶▶▶▶▶ 2018-CA-02 Trees in a Circle

 문제의 배경

비버 조니(Joni)는 댐을 만들기 위해 필요한 나무들을 숲에서 찾아보고 있다. 나무들 둘레에 줄을 둘러치면, 그 안에 들어가 있는 모든 나무들을 사용할 수 있다. 예를 들어, 숲 위에서 아래로 바라본 나무들의 모습이 아래와 같다면, 5개의 나무에 선을 걸쳐 둘러쳐 그 안에 모두 넣을 수 있다.

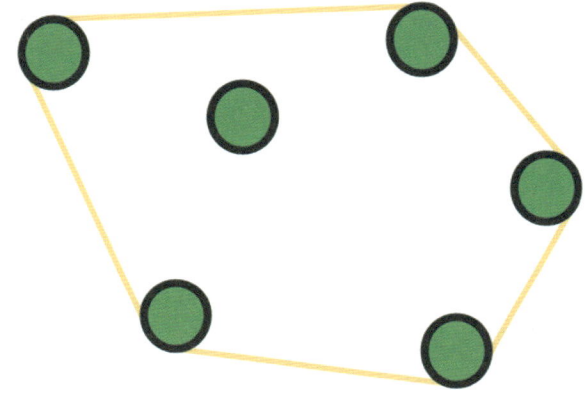

이 안에는 6개의 나무들이 있지만, 5개의 나무에만 선을 걸쳐 둘러치면 된다.

 문제/도전

숲 위에서 아래로 바라본 나무들의 모습이 다음과 같을 때, 나무들이 모두 그 안에 들어가도록 선을 둘러치려면 몇 개의 나무들에 선을 걸치면 될까?

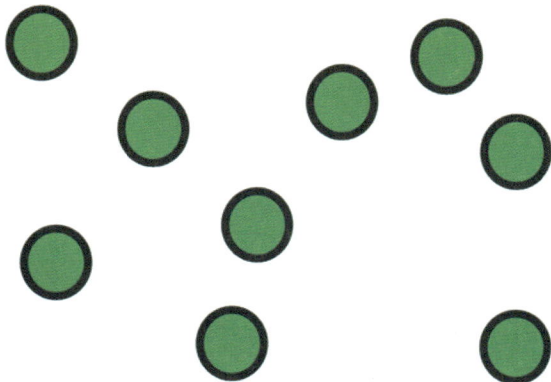

A) 4 B) 5
C) 6 D) 7

엘리베이터

▶▶▶▶▶ 2018-CH-07 Elevator

 문제의 배경

국립공원으로 여행을 온 비버들이 엘리베이터를 타고 전망대로 올라가 관람하려고 한다. 그런데, 시간이 늦고 어두워져 엘리베이터가 두 번만 더 올라갈 수 있다. 전망대로 올라가는 엘리베이터에는 최대 30kg까지만 탈 수 있다.

 문제/도전

각자의 짐을 가지고 있는 비버들을 최대한 많이 전망대로 올리기 위해서, 2대의 엘리베이터로 나누어 끌어다 넣으세요.

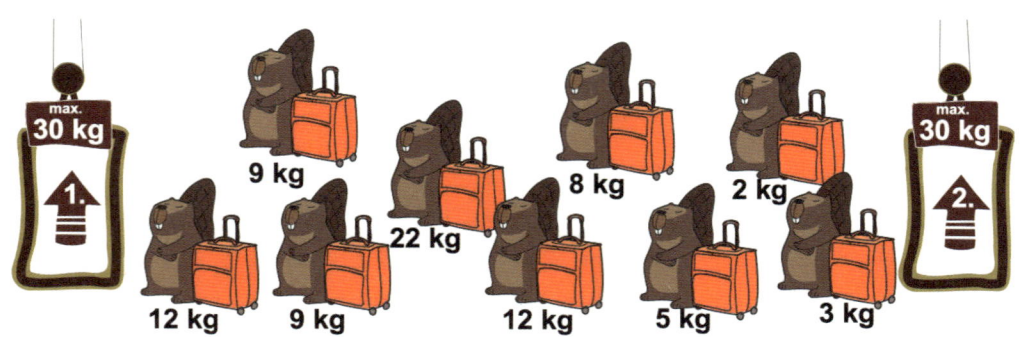

03 클라라는 꽃을 좋아해

스위스

▶▶▶▶▶ 2018-CH-09 Clara likes Flowers

 문제의 배경

여러 가지 색의 꽃으로 만들어진 꽃다발을 좋아하는 클라라(Clara)는 꽃가게에 들렀다. 꽃가게에는 다음과 같은 꽃들이 있었다.

모든 꽃들은 다음 3가지 색 중 한 가지이다.

흰색   파랑색   노랑색

클라라는 6개의 꽃으로 다음과 같은 조건들을 모두 만족하는 꽃다발을 만들고 싶어 한다.

1) 흰색, 파랑색, 노랑색 꽃은 정확히 2개씩이어야 한다.
2) 같은 종류의 꽃은 서로 다른 색이어야 한다.
3) 모든 꽃들은 최대 2개까지만 사용해야 한다.

 문제/도전

다음 중 모든 조건을 만족시킬 수 있도록 만들어진 꽃다발은?

A)    B)    C)    D)

04 행성 B

▶▶▶▶▶ 2018-DE-02 The Cities of Planet B

문제의 배경

B 행성에 사는 사람들은 도시들을 특별한 방법으로 개발한다. 집 한 채로 시작해서, 다음과 같은 규칙에 따라 바꾸어 나간다.:

- 도시 개발 규칙1:
- 도시 개발 규칙2:
- 도시 개발 규칙3:

개발된 것들은 다른 위치로 이동되지 않는다.

예를 들어, 규칙1에 따라 먼저 개발하고 규칙2에 따라 한 번 더 개발한 후, 규칙3에 따라 두 번 더 개발하면, 다음과 같이 된다.

문제/도전

다음 중 B 행성에서 개발된 도시가 아닌 것은?

A)

B)

C)

D)

05 꼬리가 길면 밟힌다

▶▶▶▶▶ 2018-HR-05 A lie has no legs

문제의 배경

어느 화창한 날, 마르코(Marko), 이바(Iva), 마야(Maja), 데이비드(David)가 함께 애나(Ana) 선생님 집 근처에서 축구를 했다.

하지만 불행히도 친구들 중 한 명이 선생님 집의 창문을 깨트렸다. 애나 선생님은 누가 창을 깼는지 알고 싶어 한다. 선생님은 아이들을 잘 아는데, 4명의 아이들 중 3명은 항상 진실만을 말하는데 거짓 말을 하는 한 명의 아이가 누구인지는 모른다.

4명의 아이들은 다음과 같이 이야기 했다.:

  마르코 : "저는 창문을 깨지 않았어요."
  이바 : "마르코나 데이비드가 창문을 깼어요."
  마야 : "데이비드가 창문을 깼어요."
  데이비드 : "아니에요. 마야가 거짓말을 하고 있어요."

문제/도전

누가 창문을 깼을까?

A) 마야   B) 데이비드   C) 이바   D) 마르코

06 비버폭포

▶▶▶▶▶ 2018-HU-03 Beaver Rivers

문제의 배경

비버 밀리(Miley)가 산 정상에 올라가 있다. 산 정상에는 3개의 폭포가 있고, 산 아래로 흘러 강으로 합쳐진다.

비버 밀리는 3개의 폭포 중 하나에 당근이나 물고기를 흘려보낼 수 있다.

강에는 여러 개의 다리가 놓여 있는데, 그 다리에는 장난꾸러기 트롤 요정들이 있어서 다리 아래의 강으로 지나가는 물건들을 다른 물건들로 바꾸어 놓는다.

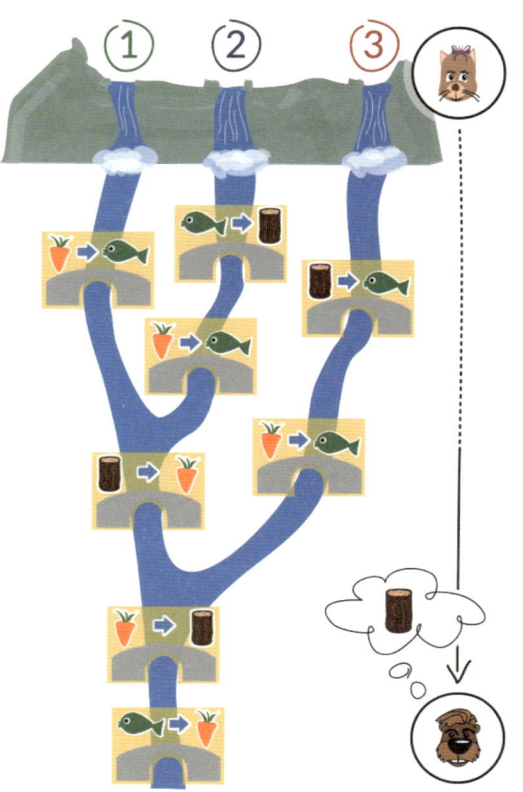

예를 들어, 위와 같이 그려져 있는 다리 아래로 당근이 지나가면 물고기로 바뀌게 되는 것이다.

비버 저스틴(Justin)이 강의 끝에 앉아 있다.

문제/도전

저스틴이 나무토막(🪵)을 받으려면, 밀리가 어느 폭포에 어떤 것을 흘려보내야 할까?

A) 물고기(🐟)를 ①번 폭포로 흘려보낸다.
B) 물고기(🐟)를 ②번 폭포로 흘려보낸다.
C) 당근(🥕)을 ②번 폭포로 흘려보낸다.
D) 당근(🥕)을 ③번 폭포로 흘려보낸다.

비슷한 요리

▶▶▶▶▶ 2018-HU-05 Similar dishes

헝가리

문제의 배경

요리사가 저녁식사로 두 가지 요리를 준비하려고 한다. 하지만, 비슷한 요리를 준비하는 것은 원하지 않는다.

요리 재료가 2가지 이상 같으면, 두 요리는 서로 비슷한 요리가 된다.

파스타	계란 샐러드	호두 샐러드	치킨 수프	케이크

문제/도전

다음 중 서로 비슷한 요리인 것은?

A) 치킨 수프와 파스타

B) 치킨 수프와 호두 샐러드

C) 치킨 수프와 계란 샐러드

D) 호두 샐러드와 케이크

08 무한 아이스크림

아일랜드

▶▶▶▶▶ 2018-IE-01 Infinite Ice-Cream

문제의 배경

아이스크림콘을 만들어 올려놓는 스탠드가 2개 있다. 아이스크림콘은 4가지 종류로 만든다.

첫 번째 스탠드에는 다음과 같은 과정으로 만든 아이스크림콘을 올려놓는다.

0. 아무것도 올려져있지 않은 아이스크림콘으로 시작한다.
1. 아무렇게나 한 가지 아이스크림을 고른 후, 그 아이스크림을 2개 쌓는다.
2. 1에서 고른 아이스크림과 다른 아이스크림을 골라 1개를 더 쌓는다.
3. 원하는 개수만큼 쌓았으면 중단하고, 그렇지 않으면 1번 단계로 돌아가서 같은 과정을 반복한다.

두 번째 스탠드에는 아무렇게나 만든 아이스크림콘을 올려놓는다.

문제/도전

다음은 아이스크림콘의 처음 일부만 그려져 있는 그림이다. 두 번째 스탠드에 올려놓아야 할 아이스크림콘이 확실한 것이 딱 1개 있다. 어느 것일까?

A)  B)  C) 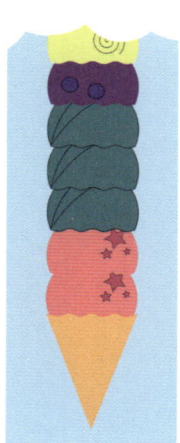 D)

09 지하철 노선

▶▶▶▶▶ 2018-TW-02 Metro Lines

문제의 배경

A, B, C, D 역()에서 출발하는 4개의 지하철 노선이 있다.

또한, 3개의 환승역() T1, T2, T3에서 다른 지하철 노선으로 갈아탈 수 있다.

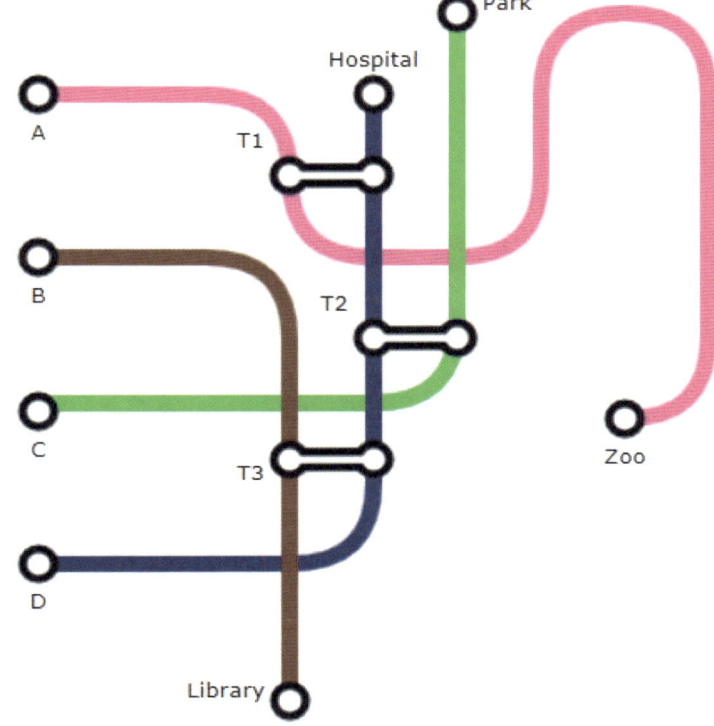

문제/도전

존(John)은 지하철을 정확히 한 번만 갈아타고 동물원(Zoo)에 갔다. 존은 어떤 지하철역에서 탔을까?

A) A B) B C) C D) D

10 색칠하기

▶▶▶▶▶ 2018-UK-01 Colouring In

문제의 배경

다음과 같은 색칠하기 그림에 색을 칠해야 한다.

가능한 한 적은 개수의 색만 사용해서 모두 칠해야 하고, 같은 선으로 서로 붙어있는 경우에는 서로 다른 색으로 칠해야 한다.

문제/도전

색을 모두 칠할 때, 필요한 색은 최소 몇 개일까?

A) 2   B) 3   C) 4   D) 5   E) 6

01 삼바 춤을 추는 뱀

| 정답 | C

설명
A, B, D 는 다음과 같은 패턴이 아니기 때문에 정답이 아니다.

- 춤의 각 단계마다 꼬리 모양이 바뀐다. 꼬리는 단계가 변할 때마다 펴졌다가 구부려진다.
- 춤의 각 단계마다 꼬리 방향으로 얇은 줄무늬와 두꺼운 줄무늬의 위치가 반복적으로 바뀐다.
- 춤의 두 단계마다 뱀이 바라보고 있는 방향이 시계방향으로 (90도) 회전한다.

문제의 마지막 그림에서는 뱀의 머리가 아래쪽으로 향해 있고, 꼬리가 (곧게) 펴져 있어야하며, 얇은 줄무늬 다음에 두꺼운 줄무늬가 나타나야 한다.
따라서, 위의 규칙에 맞는 정답은 C이다.

문제 속의 정보과학
데이터는 그림, 텍스트, 수와 같은 여러 가지 형태로 표현될 수 있다. 이 문제에서는, 문제에 포함되어있는 정보들을 찾아내어 그림의 순서를 알아낸다.
순서대로 바뀌는 각각의 그림들에는, 다음 그림에서 바뀔 수 있는 속성(데이터)들이 포함되어있다. 어떤 속성은 다음 단계에서 바로 바뀌기도 하고, 어떤 속성은 두 번째, 세 번째 단계마다 바뀌기도 한다. 이렇게 단계별로 바뀌는 속성들을 알아냄으로써 상황을 예측하거나 규칙을 만들거나 더 많은 문제들을 풀어낼 수 있다.

핵심 주제
데이터(Data), 분해(Decomposition), 추상화(Abstraction), 패턴 인식(Pattern Recognition),
알고리즘(Algorithms), 반복(Repetition)

참고 웹사이트
https://en.wikipedia.org/wiki/Pattern_recognition

02 사이먼 게임기

| 정답 |

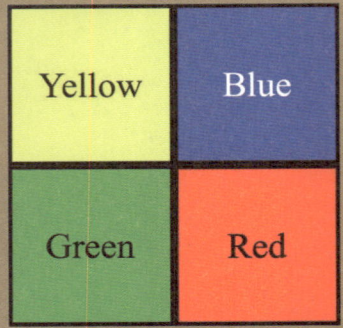

설명
없음

문제 속의 정보과학
이 문제는 어떤 처리 단계들을 순서대로 정확히 따라가는 것과 관련된 문제이다. 다음 상태로 정확하게 바꾸기 위해서는 '현재의 색 배치 상태'나 '현재 왼쪽 위에 있는 색(한 색의 위치만 알면, 나머지 3개의 색 순서도 결정된다.)'과 같은 상태의 변화를 정확하게 추적해야한다.

핵심 주제
알고리즘(Algorithm), 추적하기(Tracing)

03 클라라는 꽃을 좋아해

| 정답 | D

설명
A)에는 흰색 꽃이 3개 이고, B)에는 장미가 3개 있으며, C)에는 글라디올러스 2개가 같은 색이다.

문제 속의 정보과학
일반적인 컴퓨터과학 분야의 문제들은 제약조건들에 의해 특징 지어지며, 그러한 제약조건들을 모두 만족시키거나 최대한 만족시키는 방법이나 답을 찾아내는 것이 목표이다. 논리곱(conjunction) AND(A AND B는 조건A와 조건B가 모두 참인 경우를 의미한다.)나 논리합(disjunction) OR(A OR B는 조건A나 조건B 중 한 가지 이상의 경우가 참인 경우를 의미한다.)과 같은 논리 연산자들로 복잡하게 결합된, 보다 복잡한 제약조건들을 만족하는 복잡한 문제를 해결하는 형태의 문제들도 있을 수 있다.

핵심 주제
제약 조건(Constraints), 논리 연산자(logical operators)

참고 웹사이트
https://en.wikipedia.org/wiki/Boolean_algebra

04 에이다와 크레용

| 정답 | 2

설명
2번 뒤집어서 같은 방향으로 만들 수 있는 여러 가지 방법이 있다.

방법 3 : 모두 아랫 방향으로 만들어도 된다.		
처음에 9개를 뒤집고,		
그 다음에 1개를 더 뒤집는다.		

다른 방법들도 있다. 참고: 한 번만 뒤집어서는 불가능하다. 왜냐하면 처음에 서로 떨어져있는 2개의 크레용이 아래쪽으로 향해있기 때문이다.

문제 속의 정보과학

어떤 문제를 최소/최대/최적의 횟수나 단계로 해결하는 것은 컴퓨터과학에서 뿐만 아니라 일상생활에서도 중요한 문제이다. 훌륭한 프로그래머는 항상 어떤 문제를 정확하게 해결할 수 있으면서 더 빠르게 해결할 수 있는 방법을 찾아내려고 노력한다. 주어진 문제에서는 최소 횟수가 2회인 것을 쉽게 알 수 있었지만, 문제나 상황이 더 복잡해지는 경우에는 최소/최적 방법을 찾아내기 쉽지 않게 된다. 더 좋은(빠르면서도 정확한) 프로그램을 만들어 사용하면 도움이 될 수 있다.

핵심 주제

비트 단위 논리 연산(Bitwise NOT)

참고 웹사이트

https://en.wikipedia.org/wiki/Bitwise_operation#NOT

05 비슷한 요리

| 정답 | C

설명
치킨 수프는 계란, 양파, 소금으로 만들어지는데, 계란 샐러드에도 똑같은 재료가 사용된다. 다른 요리들은 최대로 1가지 재료만 서로 겹친다. 치킨 수프와 호두 샐러드는 서로 겹치는 재료가 없다. 치킨 수프와 파스타는 양파가 같다. 호두 샐러드와 케이크도 서로 겹치는 재료가 없다.

생명과학(DNA, RNA 등), 화학, 천문, 산업 데이터 등과 같은 매우 많은 양의 데이터를 다룰 때를 생각해 본다면, 서로 같은 점들과 서로 다른 점들을 찾아내는 것은 프로그래머들에게 있어서 중요한 문제이다.

문제 속의 정보과학
주어진 문제에서는 4가지의 재료로 만들어지는 5가지의 요리만 있었다. 하지만, 천문학자는 여러 가지 속성(특성)들을 가지는 수 십 억 개의 별들을 다루는 과정에서 모든 별들의 여러 가지 특성들을 서로 비교해야 할 필요가 있다.

매우 좋은 알고리즘들을 컴퓨터에 활용하면, 그러한 문제를 적당히 빠른 시간 내에 해결할 수 있다. 일반적으로 말하는 "빅데이터(big data)"와 관련한 문제들은 매우 많은 데이터와 그 데이터들의 속성들을 다루는 것이라고 할 수 있다.

핵심 주제
교집합(Intersection set)

참고 웹사이트
https://en.wikipedia.org/wiki/Intersection_(set_theory)

06 피자와 포크

| 정답 | 피자 둘레의 크러스트가 포함되어있지 않은 조각은 다음과 같이 3개이다.

설명

문제 속의 정보과학

루실라는 피자 조각을 한 개씩 살펴보면서, 그 조각에 크러스트가 포함되어있는지 확인하는 작업을 해야한다. 컴퓨터 프로그램(computer program)들을 설계하고 만드는 과정에서 여러 가지 조건이나 상황에 따라, 다른 작업을 수행하도록 프로그램을 만들어야 할 필요가 있다. 프로그래밍에서 어떤 조건(Conditionals)을 검사하고, 그에 따라 다른 작업을 실행하도록 선택(selection) 할 수가 있는데, IF(만약 ~ 이면) 명령문들을 사용해 구현된다.

핵심 주제

선택(Conditional)

참고 웹사이트

https://en.wikipedia.org/wiki/Conditional_(computer_programming)

07 야외 체육시간

| 정답 | D

설명
야외 운동장에서 축구를 하는데 필요한 3가지 조건들은 다음 표와 같이 정리할 수 있다.
(O는 가능한 경우, X는 불가능한 경우를 의미한다.)

조건 \ 요일	월	화	수	목	금
날씨 조건	O	X	X	O	O
풍속 조건	O	X	O	O	X
예약 조건	X	O	O	O	O

3가지 조건을 모두 만족하는 요일은 목요일뿐이다.

문제 속의 정보과학
데이터베이스(database)에서, 데이터 검색(data retrieval)은 데이터베이스 관리시스템(DBMS)을 통해, 필요한 여러 가지 조건들을 입력하고 그런 조건들을 모두 만족시키는 데이터들을 뽑아내는 것을 의미한다.
이렇게, 필요한 조건에 맞는 데이터를 검색하고 뽑아내기 위해서는 데이터 검색(retrieval)이나 추출(extraction) 명령어들을 이용해서 데이터베이스 쿼리(query)를 작성해야한다. 쿼리가 입력되면, 데이터베이스 관리시스템은 데이터베이스들을 검색해 요청한 데이터들을 뽑아내 알려준다. 원하는 형식으로 데이터들을 뽑아내기 위해서 다양한 쿼리들이 소프트웨어에서 사용된다. 조건을 만족하는 많은 데이터들을 모두 뽑아낼 수 있을 뿐만 아니라, 데이터들과 관련한 간단한 정보도 알아낼 수 있다(예: 조건을 만족하는 데이터의 개수 등).

핵심 주제
데이터 검색(data retrieval)

참고 웹사이트
https://en.wikipedia.org/wiki/Data_retrieval

08 지하철 노선

| 정답 | D

설명
다른 색의 노선으로 갈아탈 수 있는 연결 관계는 다음 그림과 도표를 통해 설명될 수 있다.

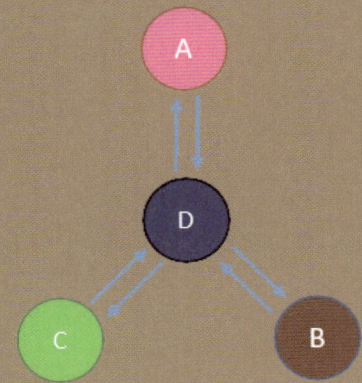

현재 라인	갈아탈 수 있는 라인		
A	D		
B	D		
C	D		
D	A	B	C

동물원은 A라인에 있다.
존이 A역에서 지하철을 탔다면, 동물원으로 가기 위해 지하철을 갈아탈 필요가 없다.
존이 B역에서 지하철을 탔다면, 동물원으로 가기 위해 환승역에서 2번 갈아타야 한다(T3 환승역에서 한 번 갈아탄 후, T1 환승역에서 다시 갈아타야한다).
존이 C역에서 지하철을 탔다면, 동물원으로 가기 위해 환승역에서 2번 갈아타야 한다(T2 환승역에서 한 번 갈아탄 후, T1 환승역에서 다시 갈아타야한다).
존이 D역에서 지하철을 탔다면, 동물원으로 가기 위해 T1 환승역에서 한 번만 갈아타면 된다.

문제 속의 정보과학

그래프(graph)는 객체들과 객체들 사이의 관계를 표현하는데 사용될 수 있다. 그래프는 노드(정점)와 링크(간선)를 이용해 데이터들과 그 데이터들 사이의 연결 관계를 표현한다. 그래프는 여러 가지 물건, 사람, 개념들 사이의 관계들을 설명하기 쉽게 만들어주기도 한다. 지하철 노선도는 매우 직관적으로 이해할 수 있는 형태의 그래프라고 할 수 있다.

SNS에서 친구들의 사이의 관계, 여러 가지 지도에서 최단 경로 찾기, 쇼핑몰 사이트에서의 추천 상품들 보여주기 등과 같이, 일상생활에서 그래프를 이용해 표현할 수 있는 것들이 많이 있다. 따라서, 정보과학분야에서 실제 세상의 여러 가지 다양한 상황들을 그래프 형태로 바꾸어 표현하는 경험/지식/방법은 매우 중요한 기술 중 하나이다(물론, 그래프가 아닌 다른 형태와 방법으로 표현하고 다루는 기술들도 중요하다).

핵심 주제
그래프(graph)

참고 웹사이트
https://en.wikipedia.org/wiki/Graph_(discrete_mathematics)

09 비버 마트료시카

| 정답 | 4

설명

주어진 문제의 설명을 보면, 어떤 비버 인형 안에는 너비와 높이가 모두 작은 인형을 넣을 수 있다고 되어있다. 일단 먼저, 너비가 넓은 것부터 작은 것까지 (너비 기준 내림차순) 순서로 나열해보면, 너비만 생각했을 때 5개의 인형을 모두 겹칠 수 있을 것 같기도 하다.

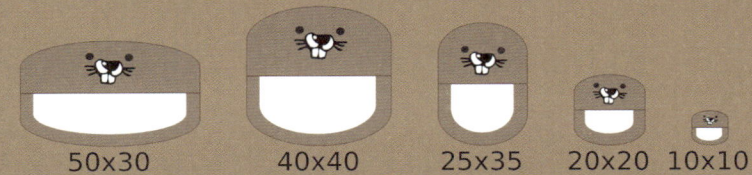

이제, 가장 너비가 넓은 인형부터 하나씩 선택해 볼 수 있다. 인형들을 선택해 나갈 때는 높이도 함께 생각해야한다. 만약, 가장 너비가 넓은 인형을 선택하면 그 안에 2개의 인형만 더 넣을 수 있다는 것을 알 수 있다. 하지만, 가장 너비가 넓은 인형을 선택하지 않는다면 그 안에 4개의

인형을 겹칠 수 있다는 것을 알아낼 수 있다. 물론, 처음에 너비를 기준으로 순서대로 세우지 않고 높이가 높은 것부터 낮은 것까지 높이를 기준으로 순서대로 나열한 다음에, 인형들의 너비까지 함께 생각하면서 최대한 많이 겹칠 수 있는 경우를 찾아볼 수도 있다.

문제 속의 정보과학

인형들의 너비나 높이를 기준으로 내림차순으로 정렬할 수 있다. 그 다음에는 내림차순으로 가장 많이 선택할 수 있는 인형의 최대 개수를 찾아내야 한다. 정보과학분야에서는 이러한 문제를 최장증가 부분 수열(LIS, Longest Increasing Subsequence) 문제라고 부른다(역자 설명 추가 : 내림차순이라고 해도 최장 증가 부분 수열로 부르는 것이 맞다. 최장 감소 부분 수열이라고 구분해서 부를 필요는 없다. 예를 들어 100, 90, 80, 70 …은 점수로는 내림차순이라고 부를 수 있지만, 만약 등수로 생각한다면 1등, 2등, 3등, 4등 … 처럼 오름차순이라고도 볼 수 있는 것이다).

주어진 문제에서의 목표는 주어진 것들을 오름차순/내림차순으로 정렬한 후, 최장 증가 부분 수열을 만들었을 때 최대 개수를 구하는 것이다. 이러한 문제나 상황들은 수학 및 물리학 분야에서도 다루어진다. 정보과학은 그러한 문제들을 해결하는데 도움을 준다.

핵심 주제
최장 증가 부분 수열(LIS, Longest increasing subsequence)

참고 웹사이트
https://en.wikipedia.org/wiki/Longest_increasing_subsequence

10 색칠하기

| 정답 | B

설명
처음에 색칠하기 시작할 부분과 색을 어떻게 선택하느냐에 따라 다르게 계산될 수 있다.

이것은 처음에 색을 하나 골라, 왼쪽 위에서부터 칠하기 시작해서 최대한 많이 칠한 방법이다.

그 다음에 다른 색을 하나 골라, 왼쪽 아래에서부터 다시 칠하기 시작해서 최대한 많이 칠한다.

그 다음에 세 번째 색을 골라. 서로 접한 부분에서 서로 다른 색으로 채워 넣으면서, 나머지 부분들에 모두 색을 칠할 수 있다.
이렇게 3가지 색이면 충분하다.

3가지 색보다 더 적은 색으로는 모두 색칠할 수 없다는 것을 알 수 있다.
그림에서 "X" 표시가 된 곳은 노란색이 채워져 있다. 이 조각은 둘레에서 2개의 서로 다른 면과 접한다. 따라서 3개의 색이 반드시 필요하다는 것을 알 수 있다. 따라서, 3개 보다 적은 색으로는 그림을 모두 색칠 할 수 없다.

문제 속의 정보과학
이 문제는 4색 정리와 관련이 있다. 4색 정리는 펼쳐놓은 지도와 같은 2차원 평면에 선을 그어, 인접한 면의 색이 서로 같지 않도록 조각들에 색을 채워 넣을 때, 최대로 4가지 색만 있으면, 어떤 경우이던지 모두 색을 채워 넣는 것이 가능하다는 정리이다.

4색 정리는 정보과학의 내용들을 중요하게 응용할 수 있는 의미를 가지고 있다. 예를 들어, 비행기들이 이착륙하는 동안 서로 충돌하는 것을 방지하기 위해 비행기가 이동하는데 사용하는 도로를 할당하는 것을 계획하거나, 모바일 네트워크를 위한 무선 주파수를 할당할 때 응용될 수 있다.

핵심 주제
4색 정리(Four color theorem)

참고 웹사이트
https://en.wikipedia.org/wiki/Four_color_theorem

01 나무 둘러치기

| 정답 | 6

설명

모든 나무들이 안에 들어가도록 선을 둘러치는 방법은 다음과 같다.

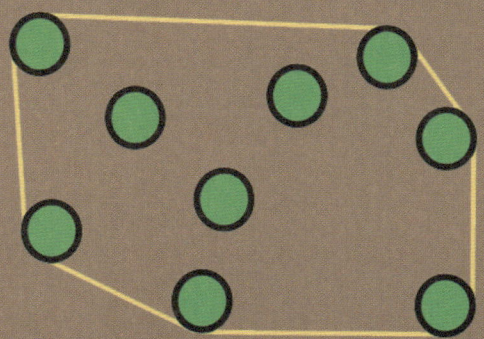

문제 속의 정보과학

이 문제는 주어진 점들에 대한 볼록 껍질(convex hull)을 찾는 것으로 많이 알려져 있는 문제이다. 이러한 볼록 껍질은 주어진 점들을 모두 포함할 수 있는 가장 작은 다각형을 의미한다고 생각할 수도 있다. 볼록(convex)이라는 단어는 그 지점에서 바깥쪽(outward)을 향해 있거나 휘어져 있음을 의미하는데, 종이에 그림으로 그려진다고 한다면 그 안쪽에 있는 임의의 두 점을 연결하는 직선도 그 안에 포함 된다는 것을 의미한다. 껍질(hull)이라는 단어는, 배의 선체나 옥수수가 들어있는 껍질과 같은 껍데기(shell) 또는 포장 용기(encasement)를 의미한다.

주어진 점들을 모두 포함할 수 있는 볼록 껍질(convex hull)을 찾는 것은 다양한 컴퓨팅 상황에서의 여러 가지 설정들에 사용된다.

- 패턴 인식(pattern recognition): 이미지에 얼굴이 있는가?
- 필기체 처리(processing written text): 쓴 글자가 대문자 B인가?
- 지리 정보 시스템(geographic information systems): 범람원이나 강 수계의 크기는?
- 포장(packaging) : 3차원 물체의 겉을 딱 맞추어 포장하는데 필요한 재료의 최소량은?

이러한 볼록 껍질 문제를 해결할 수 있는 알고리즘들이 많이 있는데, 보다 효율적으로 해결할 수 있는 방법은 여러 가지 컴퓨터 알고리즘들에 매우 실용적이며 유용하게 응용될 수 있다.

핵심 주제
볼록 껍질(Convex hull)

참고 웹사이트
https://en.wikipedia.org/wiki/Convex_hull
https://en.wikipedia.org/wiki/Convex_hull_algorithms

02 엘리베이터

| 정답 |

한 쪽에는 2+3+5+8+12=30kg으로 맞추고, 다른 한쪽은 9+9+12=30kg으로 맞춘다. 그렇게 하면 총 8마리의 비버들이 전망대로 올라갈 수 있다. 22kg비버는 엘리베이터에 태우지 않는다.

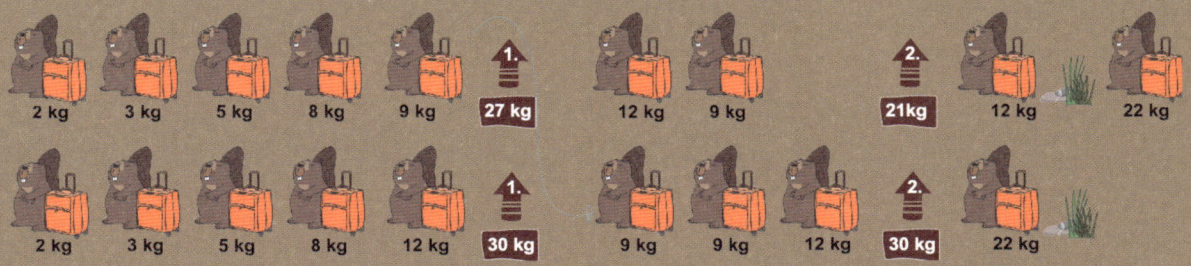

설명

첫 번째로 생각해 볼 수 있는 방법은 가장 무게가 작은 비버들부터 최대한 많이 하나의 엘리베이터에 태우는 방법이다. 2+3+5+8+9=27kg 로 한쪽 엘리베이터에 먼저 태운 후, 다른 한쪽에는 9+12=21kg으로 비버 7마리를 태우는 방법이다.

하지만, 정답과 같이 8마리를 태워 올려 보낼 수 있다. 9kg 비버 대신 12kg 비버를 넣어 태우면, 그 무게의 합을 정확히 2+3+5+8+12=30kg을 만들어 5마리를 한 번에 태워 올려 보낼 수 있다. 그렇게 하면 다른 엘리베이터에서는 9+9+12kg=30kg을 맞춰 3마리를 더 태워 올려 보낼 수 있다.

문제 속의 정보과학

주어진 문제에서는 생각해 볼 수 있는 경우의 수가 매우 많아 보이고, 가능한 경우들을 모두 살펴 볼 수는 없다. 가장 많은 비버들을 전망대로 올려 보낼 수 있는 방법을 찾아야 하지만, 각 엘리베이터에 최대한 많이 비버들을 태운다고 해서 그 합이 최대가 되는 것은 아니다.

이 문제와 같은 유형의 최적해를 찾는 문제들은 컴퓨터 과학적인 방법으로도 실제 해결할 수 없는 문제라고 말하기도 한다. 하지만, 첫 번째 엘리베이터에 최대한 많은 비버들을 태울 수 있는 상황을 먼저 생각해 낸다면, 최대한 많은 비버들을 올리는 그럴 듯한 방법을 찾아낼 수 있었다.

정보과학 분야에서, 이전까지 알고 있었던 적당히 좋은 방법에서, 더 좋은 방법으로 바꾸어 나가는 대략적인 접근 방법을 휴리스틱(heuristic) 이라고 부른다(하지만, 이렇게 더 좋은 방법으로 바꾸어 나가는 방법을 사용해서 얻어낸 방법이 최적의 방법이라고 보장하지는 못한다).

핵심 주제

조합최적화(Combinatorial optimization), 배낭 문제(Knapsack problem)

참고 웹사이트

https://en.wikipedia.org/wiki/Combinatorial_optimization

https://en.wikipedia.org/wiki/Knapsack_problem

03 클라라는 꽃을 좋아해

| 정답 | D

설명
A)에는 흰색 꽃이 3개 이고, B)에는 장미가 3개 있으며, C)에는 글라디올러스 2개가 같은 색이다.

문제 속의 정보과학
일반적인 컴퓨터과학 분야의 문제들은 제약조건들에 의해 특징 지어지며, 그러한 제약조건들을 모두 만족시키거나 최대한 만족시키는 방법이나 답을 찾아내는 것이 목표이다. 논리곱(conjunction) AND(A AND B는 조건A와 조건B가 모두 참인 경우를 의미한다.)나 논리합(disjunction) OR(A OR B는 조건A나 조건B 중 한 가지 이상의 경우가 참인 경우를 의미한다.)과 같은 논리 연산자들로 복잡하게 결합된, 보다 복잡한 제약조건들을 만족하는 복잡한 문제를 해결하는 형태의 문제들도 있을 수 있다.

핵심 주제
제약 조건(Constraints), 논리 연산자(logical operators)

참고 웹사이트
https://en.wikipedia.org/wiki/Boolean_algebra

04 행성 B

| 정답 | B

설명

B)와 같은 도시는 만들 수 없다. 도시 개발 규칙2에 의하면, 나무의 오른쪽에는 반드시 블록이 있어야 하기 때문이다. B) 도시에 있는 오른쪽 나무의 오른쪽에는 블록이 없다. 만들어진 블록을 사라지도록 하는 규칙도 없다.

A) 도시는 규칙1, 규칙2, 규칙3을 순서대로 실행하고, 규칙3을 한 번 더 실행하면 만들 수 있다.

C) 도시는 규칙1을 3번 실행하면 만들 수 있다.

D) 도시는 규칙1을 실행한 후, 각 집에 대해서 규칙2를 실행하고 그 다음에 각 블록에 대해서 규칙3을 적용하면 만들 수 있다.

문제 속의 정보과학

주어진 문제는 특정 항목을 다른 항목들로 바꾸는 특별한 규칙들에 대한 문제이다. 이러한 규칙들은 정보과학 분야의 여러 가지 프로그래밍언어의 작성 규칙(syntax)을 정의하는 문법(grammar)들에서 사용된다. 어떤 언어에서의 문법 규칙이란 문장들을 만드는 정확한 방법을 의미한다.

문법 규칙(syntax)은 의미(meaning)와는 다르다. "달은 풍선껌을 잠들게 한다."와 같은 문장은 문법적으로 정확하게 구성되어 있지만 의미가 없는 문장이다.

정보과학 분야에 있어서, 어떤 (프로그래밍)언어는 문장들의 집합이라고도 할 수 있다. 예를 들어 파이선(Python) 프로그래밍언어는, 문법적으로 정확하게 작성된 파이선 프로그램들의 집합이라고 할 수 있다.

print("Hello")는 간단한 파이선 프로그램이지만, print "Hello"는 파이선 프로그램이 아니다.

print "Hello"라는 명령을 실행시키면, 파이선 인터프리터는 (syntax error) 오류 메시지를 출력할 것이다.

핵심 주제

형식 언어(Formal language), 형식 문법(Formal grammar)

참고 웹사이트

https://en.wikipedia.org/wiki/Formal_language

https://en.wikipedia.org/wiki/Formal_grammar

05 꼬리가 길면 밟힌다

| 정답 | B

설명

먼저, 아이들 4명의 말들 중에서 마야와 데이비드의 말은 동시에 참이거나 거짓일 수 없다는 것을 알 수 있다. 따라서, 둘 중 한 명은 진실을 말하고 다른 한 명은 거짓을 말한다는 것을 알 수 있다.

그렇기 때문에 나머지 두 명은 모두 진실을 말하고 있다는 것을 알 수 있고, 그 상태에서 마야 또는 데이비드 중에서 누가 거짓말을 하는지 추론해 볼 수 있다. 따라서, 두 가지 방법으로 거짓말을 하고 있는 아이를 알아낼 수 있다는 것을 찾아내는 것이 중요하다.

첫 번째 확인 방법 :

(a) 만약, 마야가 진실을 말하고 있다면, 데이비드가 거짓말을 한다고 생각할 수 있다.

(b) 만약, 데이비드가 진실을 말하고 있다면, 마야는 거짓말을 하고 이바나 마르코 중에 한 명도 거짓말을 하고 있는 것이 된다. 하지만, 거짓말을 하고 있는 아이는 한 명 뿐이기 때문에 그럴 수 없다(마야가 창문을 깬 것이라면 이바도 함께 거짓말을 한 것이 되고, 마르코가 창문을 깬 것이라면 마르코도 함께 거짓말을 한 것이 되고, 이바가 창문을 깬 것이라면 이바도 함께 거짓말을 한 것이 되기 때문이다).

두 번째 확인 방법 :

좀 더 일반적인 상황으로 다음과 같은 단계로 거짓말을 하는 아이를 찾아낼 수 있다.

(a) "데이비드가 창문을 깼어요."라고 말하는 마야가 거짓말을 하고 있다면, 나머지 모두가 진실을 말하고 있어야 한다.(왜냐하면, 선생님이 4명 중 3명은 항상 진실을 말한다고 했기 때문이다.) 그렇게 나머지 3명이 진실을 말하고 있다면, 마르코는 자기가 창문을 깨지 않았다고 진실을 말하고 있는 것이 되고, 이바의 말에 의해 데이비드가 창문을 깼다는 것이 진실이 되어야 한다. 하지만, 그렇게 되면, 데이비드가 창문을 깼다는 마야의 말이 진실이 되기 때문에 모순에 빠진다. 따라서 답이 될 수 없다.

(b) 만약, 데이비드가 거짓말을 하고 있다면, 나머지 모두가 진실을 말하고 있어야 한다. 마르코는 자기가 창문을 깨지 않았고, 이바의 말에 의해 데이비드가 창문을 깬 것이 되고, 마야도 데이비드가 창문을 깼다고 하면 모두가 들어맞게 된다.

따라서, (a)와 (b)에 의해 데이비드가 창문을 깬 것이 된다.

문제 속의 정보과학

모든 컴퓨터 프로그래밍에 기초적으로 깔려있는 논리(logical) 대수(algebra)의 이론적 기초는, 조지 불(1815~1864)에 의해 1854년 만들어졌다. 논리 대수의 기본 요소는 논리적으로 판단할 수 있는 문장이다. 각각의 문장들은 명확하게 참인지 거짓인지 판별될 수 있다(역자 추가 : 참 또는 거짓임을 명확하게 판단할 수 있는 문장을 명제(proposition)라고 부른다).

- 참(True)인 문장 : 진실(truth), 맞는(true), T, 1
- 거짓(False)인 문장 : 거짓말(lie), 틀린(false), F, 0

문장들은 논리적 용어들을 이용해 서로 결합될 수 있는데, 이때 그 문장들은 피연산자가 되고, 그러한 문장들을 서로 결합시키는 동작에 따른 연산자들로 표현될 수 있다. 기본적인 논리 연산들은 한 개의 피연산자에 사용되거나 두 개의 피연산자 사이에 사용되며, 복합적인 논리 연산들은 기본적인 논리 연산들의 합으로 구성된다. 상태표(진리표)는 피연산자들의 값에 따른 논리 연산 결과를 표현해 주며, 포함되어있는 참/거짓 값과 단계적 연산에 따른 전체적인 참/거짓 결과값도 계산할 수 있게 해준다.

전기 회로들로 만들어지는 컴퓨터 장치는 2가지 상태로만 나누어 다룰 수 있기 때문에, (여러 가지 연산자, 불 논리 값(true/false), 논리 연산 규칙들을 모두 포함하는) 불 대수의 원리들은 디지털 컴퓨터를 구성하고 디지털 컴퓨터의 동작을 분석하는데 적용될 수 있다.

핵심 주제
불 대수(Boolean algebra)

참고 웹사이트
https://en.wikipedia.org/wiki/Boolean_algebra

06 비버폭포

| 정답 | B

설명
각각의 답안들에 대해서 어떻게 되는지 생각해 볼 수 있다.

- A)의 경우 1번 폭포에서 흘려보낸 물고기는 마지막 다리를 지날 때 당근으로 바뀌게 된다. 따라서, 저스틴은 당근을 받게 된다.
- B)의 경우 2번 폭포에서 흘려보낸 물고기는 먼저 나무토막으로 바뀌고, 그 다음에는 당근으로 바뀌고, 다시 나무토막으로 바뀌게 된다. 따라서, 저스틴은 나무토막을 받을 수 있다.
- C)의 경우 2번 폭포에서 흘려보낸 당근은 먼저 물고기로 바뀌고, 그 다음에는 당근으로 바뀐다. 따라서, 저스틴은 당근을 받게 된다.
- D)의 경우 3번 폭포에서 흘려보낸 당근은 먼저 물고기로 바뀌고, 그 다음에는 당근으로 바뀌게 된다. 따라서 저스틴은 당근을 받게 된다.

주어진 문제를 해결하는 다른 방법으로, 강의 끝에서 폭포 쪽으로 거꾸로 올라가면서 생각해보는 방법이 있다. 강의 끝에서 나무토막을 받으려면, 끝에서 두 번째 다리를 지나는 것은 당근이어야 한다. 그 위치에 당근이 지나가려면, 1번과 2번 폭포에서 흘려보낸 것이 공통적으로 지나가게 되는 다리를 지나며 당근으로 바뀔 수 있는 물건이어야 한다. 따라서 가능한 경우는 2번 폭포에서 물고기를 흘려보내는 방법뿐이다.

문제 속의 정보과학
컴퓨터는 입력(input) 데이터들을 읽어 들이고, 출력(output) 데이터들을 만들어 내는 장비로 생각할 수 있다. 그렇다면, 컴퓨터들은 어떤 작업들을 수행해야 하는지를 "어떻게 아는" 것일까?

그것은 컴퓨터가 수행해야 할 작업들을 사람들이 그 전에 미리 정해주었기 때문에 가능한 것이다! 사람들은 컴퓨터들이 반복해서 실행할 수 있는 프로그램(program)을 만든다. 매우 많은 프로그래밍언어(programming language)가 있다. 프로그래밍언어의 한 가지 형태로 함수형(functional) 프로그래밍언어가 있다. 함수형 프로그래밍언어는 입력 받은 데이터들을 처리해 출력 데이터들을 만들어내는 매우 많은 함수들을 이용해 작성하는데, 이는 컴퓨터의 구성/동작 원리와 비슷하다.

주어진 문제에서 다리들은 각각의 함수라고 생각할 수 있고, 그림으로 표현된 전체적인 상황은 여러 개의 함수들로 동작하도록 만들어진 큰 시스템(프로그램)으로 볼 수 있다.

핵심 주제

디버깅(Debugging), 소프트웨어 테스트(Software_testing)

참고 웹사이트

https://en.wikipedia.org/wiki/Software_testing

https://en.wikipedia.org/wiki/White-box_testing

https://en.wikipedia.org/wiki/Black-box_testing

https://en.wikipedia.org/wiki/Programming_paradigm

07 비슷한 요리

설명
치킨 수프는 계란, 양파, 소금으로 만들어지는데, 계란 샐러드에도 똑같은 재료가 사용된다. 다른 요리들은 최대로 1가지 재료만 서로 겹친다. 치킨 수프와 호두 샐러드는 서로 겹치는 재료가 없다. 치킨 수프와 파스타는 양파가 같다. 호두 샐러드와 케이크도 서로 겹치는 재료가 없다.

생명과학(DNA, RNA 등), 화학, 천문, 산업 데이터 등과 같은 매우 많은 양의 데이터를 다룰 때를 생각해 본다면, 서로 같은 점들과 서로 다른 점들을 찾아내는 것은 프로그래머들에게 있어서 중요한 문제이다.

문제 속의 정보과학
주어진 문제에서는 4가지의 재료로 만들어지는 5가지의 요리만 있었다. 하지만, 천문학자는 여러 가지 속성(특성)들을 가지는 수 십 억 개의 별들을 다루는 과정에서 모든 별들의 여러 가지 특성들을 서로 비교해야 할 필요가 있다.

매우 좋은 알고리즘들을 컴퓨터에 활용하면, 그러한 문제를 적당히 빠른 시간 내에 해결할 수 있다. 일반적으로 말하는 "빅데이터(big data)"와 관련한 문제들은 매우 많은 데이터와 그 데이터들의 속성들을 다루는 것이라고 할 수 있다.

핵심 주제
교집합(Intersection set)

참고 웹사이트
https://en.wikipedia.org/wiki/Intersection_(set_theory)

08 무한 아이스크림

| 정답 | D

설명
D) 만 첫 번째 아이스크림 스탠드의 규칙에 따라 만든 아이스크림콘이 아니다. 처음 시작할 때에는 같은 맛 아이스크림 2개(🟢🟢)로 시작해서, 그 다음에는 다른 맛 아이스크림 1개(🍦)가 더 쌓아졌지만, 그 다음 2개(🍦🟣)의 아이스크림은 서로 다른 색이기 때문에, 규칙에 따라 만들어진 아이스크림콘이 아니다.
A), B), C) 는 그림에서 보이는 부분들만으로는 규칙에 따라 만들어졌다고 생각할 수 있다.

문제 속의 정보과학
문제에서 주어진 아이스크림콘에서 만들어지는 규칙적인 패턴들은 단어(word)뿐만 아니라 이미지(image)에서도 나타날 수 있는데, 이러한 규칙적인 패턴들은 몇 개의 명령들을 반복적으로 수행시켜 만들어 낼 수 있다. 정보과학자들에게 있어서, 규칙적인 패턴이나 모양을 찾아내고 그러한 반복적인 패턴이나 모양이 규칙적으로 나타나지 않는 경우를 찾아내는 것은 매우 일상적인 일들이다. 예를 들어 ◀🔴🟡🔴🟡 과 같은 경우는, 간단히 2개(🔴🟡)를 계속 반복해 만들어 낼 수 있다는 규칙성을 찾아낼 수 있다. 이와 같은 경우는 규칙적으로 반복되는 패턴을 매우 쉽게 찾아낼 수 있지만, 문제의 아이스크림 상황에서는 아이스크림의 패턴이 반복되지 않기 때문에 살짝 더 어렵다.

하지만, 정보과학자 뿐만 아니라 다른 분야의 과학자들도 실수하기 쉬운 함정이 있다.: 어떤 명령들이 규칙에 따라 실행된 것처럼 보이지만, 실제로는 아무렇게나 실행된 결과인 경우일 수도 있기 때문이다. 따라서, 문제에서 두 번째 스탠드에 올려놓는, 아무렇게나 쌓아 올려 만든 아이스크림콘의 모양도, 마치 규칙에 따라 만들어진 아이스크림과 같은 결과가 될 수도 있다. 그렇기 때문에 어떤 반복적인 패턴이나 규칙에 따라 만들어진 것처럼 보이더라도, 그렇게 만들어진 원인이 반드시 규칙적일 것이라고 생각해서는 안 된다. 다행히, 주어진 문제에서는 아이스크림콘 1개만 규칙에 따라 만들어지지 않았다는 것을 알 수 있다.

핵심 주제
패턴(Pattern), 패턴 매칭(Pattern matching)

참고 웹사이트
https://en.wikipedia.org/wiki/Pattern
https://en.wikipedia.org/wiki/Pattern_matching

09 지하철 노선

| 정답 | D

설명
다른 색의 노선으로 갈아탈 수 있는 연결 관계는 다음 그림과 도표를 통해 설명될 수 있다.

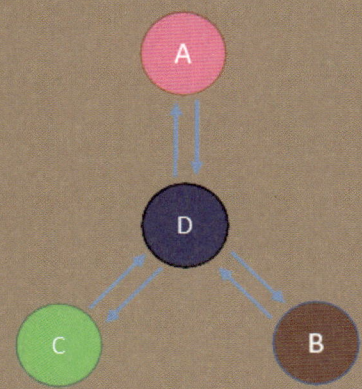

현재 라인	갈아탈 수 있는 라인		
A	D		
B	D		
C	D		
D	A	B	C

동물원은 A라인에 있다.
존이 A역에서 지하철을 탔다면, 동물원으로 가기 위해 지하철을 갈아탈 필요가 없다.
존이 B역에서 지하철을 탔다면, 동물원으로 가기 위해 환승역에서 2번 갈아타야 한다(T3 환승역에서 한 번 갈아탄 후, T1 환승역에서 다시 갈아타야한다).
존이 C역에서 지하철을 탔다면, 동물원으로 가기 위해 환승역에서 2번 갈아타야 한다(T2 환승역에서 한 번 갈아탄 후, T1 환승역에서 다시 갈아타야한다).
존이 D역에서 지하철을 탔다면, 동물원으로 가기 위해 T1 환승역에서 한 번만 갈아타면 된다.

문제 속의 정보과학

그래프(graph)는 객체들과 객체들 사이의 관계를 표현하는데 사용될 수 있다. 그래프는 노드(정점)와 링크(간선)를 이용해 데이터들과 그 데이터들 사이의 연결 관계를 표현한다. 그래프는 여러 가지 물건, 사람, 개념들 사이의 관계들을 설명하기 쉽게 만들어주기도 한다. 지하철 노선도는 매우 직관적으로 이해할 수 있는 형태의 그래프라고 할 수 있다.

SNS에서 친구들의 사이의 관계, 여러 가지 지도에서 최단 경로 찾기, 쇼핑몰 사이트에서의 추천 상품들 보여주기 등과 같이, 일상생활에서 그래프를 이용해 표현할 수 있는 것들이 많이 있다. 따라서, 정보과학분야에서 실제 세상의 여러 가지 다양한 상황들을 그래프 형태로 바꾸어 표현하는 경험/지식/방법은 매우 중요한 기술 중 하나이다(물론, 그래프가 아닌 다른 형태와 방법으로 표현하고 다루는 기술들도 중요하다).

핵심 주제
그래프(graph)

참고 웹사이트
https://en.wikipedia.org/wiki/Graph_(discrete_mathematics)

10 색칠하기

| 정답 | B

설명

처음에 색칠하기 시작할 부분과 색을 어떻게 선택하느냐에 따라 다르게 계산될 수 있다.

이것은 처음에 색을 하나 골라, 왼쪽 위에서부터 칠하기 시작해서 최대한 많이 칠한 방법이다.

그 다음에 다른 색을 하나 골라, 왼쪽 아래에서부터 다시 칠하기 시작해서 최대한 많이 칠한다.

그 다음에 세 번째 색을 골라, 서로 접한 부분에서 서로 다른 색으로 채워 넣으면서, 나머지 부분들에 모두 색을 칠할 수 있다.
이렇게 3가지 색이면 충분하다.

3가지 색보다 더 적은 색으로는 모두 색칠할 수 없다는 것을 알 수 있다.
그림에서 "X" 표시가 된 곳은 노란색이 채워져 있다. 이 조각은 둘레에서 2개의 서로 다른 면과 접한다. 따라서 3개의 색이 반드시 필요하다는 것을 알 수 있다. 따라서, 3개 보다 적은 색으로는 그림을 모두 색칠 할 수 없다.

문제 속의 정보과학

이 문제는 4색 정리와 관련이 있다. 4색 정리는 펼쳐놓은 지도와 같은 2차원 평면에 선을 그어, 인접한 면의 색이 서로 같지 않도록 조각들에 색을 채워 넣을 때, 최대로 4가지 색만 있으면, 어떤 경우이던지 모두 색을 채워 넣는 것이 가능하다는 정리이다.

4색 정리는 정보과학의 내용들을 중요하게 응용할 수 있는 의미를 가지고 있다. 예를 들어, 비행기들이 이착륙하는 동안 서로 충돌하는 것을 방지하기 위해 비행기가 이동하는데 사용하는 도로를 할당하는 것을 계획하거나, 모바일 네트워크를 위한 무선 주파수를 할당할 때 응용될 수 있다.

핵심 주제
4색 정리(Four color theorem)

참고 웹사이트
https://en.wikipedia.org/wiki/Four_color_theorem

책 소개

비버 챌린지 2017년도 기출문제집(초등학교 3~4학년용)
Bebras Korea 지음

이 책이 필요한 사람
첫째, 초등학교 3~4학년 누구나
둘째, 컴퓨팅 사고력을 기르고 싶은 사람
셋째, 비버 챌린지 참가자

이 책을 사야하는 이유
Bebras Korea가 직접 집필한 Bebras Challenge 기출문제집이자 공식 교재이다. Bebras Challenge를 완벽 대비할 수 있다.

비버 챌린지 2017년도 기출문제집(초등학교 5~6학년용)
Bebras Korea 지음

이 책이 필요한 사람
첫째, 초등학교 5~6학년 누구나
둘째, 컴퓨팅 사고력을 기르고 싶은 사람
셋째, 비버 챌린지 참가자

이 책을 사야하는 이유
Bebras Korea가 직접 집필한 Bebras Challenge 기출문제집이자 공식 교재이다. Bebras Challenge를 완벽 대비할 수 있다.

비버 챌린지 2018년도 기출문제집(중·고등학생용, 그룹 IV, V, VI)
Bebras Korea 지음

이 책이 필요한 사람
첫째, 중·고등학생 누구나
둘째, 컴퓨팅 사고력을 기르고 싶은 사람
셋째, 비버 챌린지 참가자

이 책을 사야하는 이유
Bebras Korea가 직접 집필한 Bebras Challenge 기출문제집이자 공식 교재이다. Bebras Challenge를 완벽 대비할 수 있다.